ASSOCIATION DES DISTILLATEURS & NÉGOCIANTS

EN ALCOOL

RAPPORT

SUR LA

SITUATION DE L'INDUSTRIE & DU COMMERCE DES ALCOOLS

Dans les divers pays d'Europe

PARIS

IMPRIMERIE SERINGE FRÈRES, PLACE DU CAIRE, 2

1877

Observations

présentées au Gouvernement par l'industrie de la distillation et par le commerce des Alcools, au sujet du renouvellement des traités de commerce.

Les traités de commerce à la veille d'expirer, avaient entendu consacrer la réciprocité des conditions d'échange entre les pays co-contractants.

Ces conventions devaient assurer une égalité parfaite de traitement, et ne pouvaient, en aucun cas, permettre l'existence de primes, soit directes, soit dissimulées, de nature à fausser l'esprit des traités. Cet équilibre a été rendu illusoire par la différence d'assiette de l'impôt dans les divers pays par les conventions internationales.

Dans plusieurs de ces contrées, notamment en Belgique, dans l'association Allemande, en Italie, en Autriche-Hongrie, l'impôt est établi suivant la nature des matières premières et sur le volume du moût mis en œuvre. En France, en Angleterre, en Hollande, l'impôt frappe l'alcool fabriqué, lorsqu'il entre dans la consommation ou lorsqu'il sort de l'usine. Il ressort de ces différences d'assiette d'impôt que, lorsque le travail industriel est approprié à la nature de la législation; on peut obtenir des excédants de rendement considérables (Trente pour cent au moins en Belgique, Quarante pour cent environ en Allemagne, en Italie et en Autriche) Ces excédants indemnes de droits intérieurs et qui circulent librement, sont favorisés d'un drawback à l'exportation comme s'ils avaient acquitté les droits de fabrication. (F^rs 100„ en Belgique; F^rs 20„ en Allemagne; F^rs 22 50 en Autriche, F^rs 27.00 en Italie.) La totalité de ce drawback constitue donc une prime dissimulée de sortie qui manque à l'industrie française. Nous sollicitons donc du Gouvernement, un examen complet des conditions fiscales et industrielles qui sont en vigueur dans les pays

Paris Imp. Bauge frères Place du Caire, 8

avec lesquels des traités de commerce doivent être conclus. L'industrie et le commerce des alcools comptent sur sa sollicitude pour espérer qu'aucun traité ne sera signé sans que les intéressés aient été consultés préalablement.

Nous pensons que les conditions de l'industrie des alcools dans les divers pays d'Europe, sont trop différentes pour que l'alcool soit considéré dans les traités comme les produits non frappés d'impôts à l'intérieur. Il parait difficile de tenir un juste compte de ces différences dans un article de traité; l'analogie de la distillerie avec la sucrerie, ferait désirer un traitement de même nature; et nous sollicitons la création d'une convention spéciale des alcools, comme il y a une convention des sucres.

En résumé, nous ne demandons que l'équité la plus stricte et nous pensons que

1° la solution complète de la question se trouverait dans l'unification des législations et dans l'impôt appliqué partout sur le produit prêt à être consommé; le trésor se défendant soit par l'exercice, soit par des moyens mécaniques de contrôle. S'il n'était pas permis d'espérer ce résultat qui est l'expression théorique de notre pensée; nous demanderions instamment qu'il soit au moins spécifié des équivalents aux primes dissimulées qui nous rendent la concurrence insoutenable. On y réussirait en relevant la prise en charge à un taux ne permettant plus de excédants ou en abaissant le drawback dans d'importantes proportions (annexes, législation de la Belgique, de l'Allemagne, de l'Italie et de l'Autriche.)

2° Dans le cas seulement où aucune de ces compensations ne pourrait être obtenue, nous demanderions: que tout en laissant subsister le tarif conventionnel de F^rs 15.00 en principal, à l'entrée en France, il soit ajouté un droit tout spécial pour équilibrer les primes énormes de sortie qui favorisent les pays où l'assiette de l'impôt diffère de la nôtre. Ce droit serait uniquement compensateur et ne pourrait donner lieu à aucune réciprocité.

3° Nous sollicitons aussi au point de vue de l'équité et dans la limite du possible la réciprocité de traitement pour les produits similaires entrant dans les pays liés par les traités de commerce en Allemagne, en Autriche, etc; les droits de douane qui frappent les alcools étrangers, sont beaucoup plus élevés que ceux que nous avons établis à l'entrée en France pour les mêmes produits. En Russie, ces alcools expédiés sous une certaine forme, sont même prohibés.

4° La stabilité étant indispensable à l'industrie et au commerce, nous demandons que les traités conclus ne puissent plus être modifiés par l'assimilation des pays contractants à ceux qui seraient dans la suite plus favorisés.

Pièces annexées.

Législation — en — Belgique. —
— d° — en — Allemagne. —
— d° — en — Italie. —
— d° — en — Autriche et Hongrie.
— d° — en — Angleterre. —
— d° — aux — Pays-Bas. —
— d° — en — Russie. —
— d° — en — Suisse. —
— Régime des alcools étrangers en France. —
— Droits de douane des alcools Français dans divers pays
— d'Europe. —
Renseignements divers. —

Belgique.

L'impôt est perçu, non sur l'alcool fabriqué, mais sur le volume du moût mis en fermentation; la loi n'accorde que 24 heures de durée pour chaque opération; chaque hectolitre de moût était, avant 1870, assujetti aux rendements suivants par 24 heures:

Travail des Grains	7 litres d'alcool à 50°	
" des Betteraves	7 — " — " — " —	
" des Mélasses	11 — " — " — " —	
du mélange de betteraves et de mélasses	12 " — " — " —	

L'importance du droit sur les alcools étant alors F. 70,00. chaque hectolitre de contenance de cuves devait donc supporter par 24 heures:

Pour le travail des grains	F.	2.45
" des betteraves	F.	2 45
" des mélasses	F.	3 85
" du mélange des betteraves et des mélasses	F.	4. 20

En 1870, le gouvernement Belge se rendant compte des pertes qu'il éprouvait a élevé les droits de F. 70.00 à F. 130,00 par hectolitre et en même temps augmentait le rendement obligatoire des matières premières, à l'exception du grain qui était maintenu à l'ancien taux.

Le distillateur était donc obligé aux rendements suivants:

Pour le Grain	7 l. 00 d'alcool à 50° par hect.
" les betteraves	8 l. 00 — " — " — " —
" les mélasses	12.00 — " — " — " —
" le mélange de betteraves et de mélasses	14.00 — " — " — " —

Les droits afférents à chaque hectolitre de grain deviennent	F.	4. 55
" " " " betteraves "	F.	5. 20
" " " " mélasses "	F.	7. 80
" de mélange de betteraves et de mélasses "	F.	9. 10

Chaque hectolitre d'alcool à 100° sortant du pays recevait un drawback égal au montant des droits supposés payés soit: F. 130,00

L'augmentation considérable de l'exportation a démontré au Gouvernement Belge quel était le danger que couraient ses finances ; les remboursements à la sortie, compensation d'un droit fictivement acquitté, annulaient les recettes réelles. D'autre part, les réclamations de l'industrie et de l'agriculture Françaises ont pu se faire entendre ; les excédants de rendement obtenus par les distillations de grain Belges, faussaient complètement l'esprit des traités. Le drawback obtenu constituait, un bénéfice tel, que, malgré le droit de douane de F. 15,00 perçu à l'entrée en France, les alcools Belges étaient vendus à tous prix dans notre pays avec grand avantage, et notre industrie en souffrait cruellement.

Le rendement supposé de sept litres d'alcool à 50°. pour les grains atteignait en réalité dix et et onze litres et peut-être davantage. Le distillateur Belge obtenait ainsi des excédants de Trente à trente cinq pourcent, n'ayant pas payé de droits, et recevant une prime réelle de sortie de 130 francs, lesquels diminués de F. 15,00 d'entrée en France, laissaient net l'avantage énorme de F. 115,00 à l'hectolitre d'alcool à l'industrie Belge sur l'industrie Française pour le tiers de sa production.

Si le distillateur Belge exportait toute sa fabrication, il avait même un avantage moyen de F. 38.00 environ.

Malgré ces énormes avantages, la fraude particulière était encore florissante ; si on consulte les tableaux officiels, on voit que de 1865 à 1869, le nombre des contraventions frauduleuses a été considérable et que la pénalité a été bien mitigée. Les fraudes constatées sont en général, bien inférieures aux fraudes effectuées, et ce tableau ne donnera qu'une situation réelle très flattée.

Contraventions constatées officiellement en Belgique de 1865 à 1869.

	Nombre d'Usines.	Contraventions	Amendes encourues.	Amendes payées.
Distillerie de mélasses et de betteraves...	25	19	1,920.436.f 04	335, 328.f 65
Distillerie de grain........................	400	61	512, 801. 31	12, 227. 50
		80	2,433, 237.35	347. 556. 15

Il ressort à première vue de ce tableau que la distillation de grains a le plus de faveur, puisque le nombre de ces distilleries est incomparativement plus élevé que celui des mélasses et betteraves. On peut remarquer qu'en France, il n'y a plus guère de distillation de grains, elle a été tuée par le jeu du drawback Belge et autres : cette industrie était cependant bien utile à notre prospérité agricole. Toutes ces contraventions étaient motivées par des distillations et des fermentations clandestines : il faut aussi ne pas oublier que l'Administration Belge est moins vigilante que la nôtre.

Le relèvement des droits de 1870, et le maintien de 7 Litres de rendement obligatoire pour le travail des grains, avaient augmenté le mal en augmentant la prime.

En 1872, un nouveau projet de loi proposait encore un relèvement des rendements et abaissait les droits et le drawback à f.rs 100.00. Cette fois encore, le Trésor Belge avait souffert, et l'industrie et l'agriculture Françaises avaient protesté au nom des traités de commerce en faisant ressortir la concurrence insoutenable que l'industrie Belge nous créait, et la destruction de l'égalité devant la convention que ces traités de commerce avaient voulu établir

Voici le tableau des changements proposés.

Droit de fabrication par hectolitre de capacité des cuves de fermentation.		Projet de loi de 1872		Droit total par hectolitre d'alcool à 100°	Drawback.
		Rendement en Alcool à 50°	Droit.		
Céréales	Droit général	9.l 10	F. 4.55		
	Farines blutées	10. 00	" 5.00		
Jus de Betteraves	Procédé Champonnois	9. 10	" 4.55		
	Pressés	10. 00	" 5.00	F.s 100. 00	F. 100. 00
	Mélasses	14. 00	" 7.00		
Mélange de mélasses et de betteraves		16. 00	" 8.00		

Les droits ont été néanmoins maintenus à f.rs 130.00 mais le drawback a été abaissé à f.rs 100.00.

Lorsque le relèvement de la prise en charge a eu lieu, les distillateurs de grains n'obtenaient guère plus de dix litres d'alcool à 50° par hectolitre de moût; mais ils se sont bien vite mis en mesure de reprendre leurs excédants et aujourd'hui, au lieu d'obtenir dix litres d'alcool à 50°, ils en retirent au moins Treize. Ce chiffre est, du reste connu par le ministère Belge; à la Chambre des représentants, le 24 Juin 1872, le ministre des finances l'a déclaré (1)

Évidemment le drawback n'est pas en totalité un bénéfice pour le distillateur, celui-ci vend en Belgique même au dessous de son prix de revient, à la faveur de cet excès de rendement. Mais la prime énorme que lui procure cet excédant, lui fait faire des affaires défiant toute concurrence, à l'aide non seulement des grains de France inabordables pour l'industrie Française, mais même des mélasses françaises qui fournissent de l'alcool qu'on mélange aux 3/6 de grains et qu'on vend aux prix de l'alcool de grains.

Les distilleries agricoles travaillant moins de 20 hectolitres de moût, et ayant au moins 1 hectare 1/2 de culture et nourrissant une bête par hectolitre 1/2 de moût travaillé ont une bonification de 15%. Mais ces petits établissements disparaissent.

Une autre injustice flagrante est consacrée par les traités de commerce actuels, les droits de douane réciproques sont de quinze francs, somme devant être ajoutée pour la consommation aux droits intérieurs de chaque pays. Or en Belgique les droits intérieurs nominaux, sont de fr. 130.00 par hectolitre, mais les droits réels reconnus par le Gouvernement, ne sont que de Cent francs; puisque l'importance du drawback qui représente les droits réellement payés n'est que de Cent francs, donc le droit intérieur Belge n'est que de Cent francs et l'alcool étranger en Belgique, ne devrait payer droits de douane et d'accise compris, que fr. 115,00 et non fr. 145.00. Il y a donc un droit illégal de fr. 30,00 imposé aux alcools Français entrant en Belgique. L'absolue vérité de cette allégation est encore prouvée par la pratique commerciale, en effet en ce moment les alcools se vendent en Belgique droits d'accise compris environ fr. 150,00 si on déduit de ce chiffre le droit de fr. 130,00 par 100° ou de fr. 117.00 pour 90° on trouve que l'alcool ne se vendrait sans droits que 150 fr. mais fr. 117.00. soit fr. 33.00 ce qui est matériellement impossible, tandis qu'en déduisant fr. 90,00, on a le prix de fr. 60,00 qui est normal. En faisant le même calcul et en se basant sur le cours actuel de fr. 80,00 en moyenne pour le genièvre de grains à 50° on trouve qu'un droit de fr. 130,00 en genièvre ne vaudrait sans droits que fr. 15,00 ce qui est impossible.

---

(1) On fait souvent germer ensemble malt et seigle, orge et maïs et on obtient ainsi jusqu'à 7 litres à 100° par hectolitre de moût.

Association Allemandes.

Dans l'association Allemande, l'impôt est perçu comme en Belgique sur le volume du moût mis en travail; l'impôt quelque soit son mode de perception doit ressortir pour l'Eau-de-vie à 50° (par hectolitre) à F 17.05

La taxation est de

Pour les exploitations non rurales... de F. 1.6375 par hectolitre de moût.

Pour les exploitations rurales...... de F. 1.3631 " " " "

Il ressort de ces chiffres que chaque hectolitre de contenance doit représenter un rendement basique de F $\frac{1705}{1.6375}$ = $10^{l}41$ à 50°

La loi accorde, non plus comme en Belgique, une durée de un jour à chaque opération, mais bien trois jours. Il résulte de cette grande tolérance deux avantages énormes:

1° possibilité d'exagérer la quantité de mélasses, de grains ou de pommes de terre, employée par hectolitre de moût, et ainsi de dépasser énormément le rendement pris pour base. En effet, plus la richesse sucrée est considérable, plus il faut de temps pour obtenir une fermentation complète.

2° Possibilité aussi de faire plus d'une opération dans le délai accordé, si la surveillance de la régie n'est pas suffisamment stricte.

Nous avons vu que le rendement pris pour base de l'impôt est pour les exploitations industrielles de $10^{l}41$ à 50° par hectolitre de moût et que ce rendement représente l'impôt de f^rs 1.6375.

En consultant les ouvrages industriels Allemands qui servent à l'enseignement des fabricants et qui, par conséquent, donnent des indications certaines, nous nous rendrons compte des rendements réellement obtenus. Nous trouverons aussi dans ces mêmes ouvrages des tableaux de rendements industriellement retirés en moyenne pendant dix années. Ces indications sont plus évidentes que celles que l'expérience de la fabrication ou les renseignements pourraient procurer.

Mélasses.

La densité du moût mis en fermentation est en moyenne de 22° Balling, soit 12° Beaumé ou 1092 densimètre.

Avec de bonnes mélasses on atteint 24° Balling, 1101 Densimètre

1092 de densité indiquent environ mélasse par hectolitre ____ 31 Kilog.

1101 ___ " ___ " ___ " ___ " ___ " ___ " ______ 38 "

Sans même tenir compte de la teneur en alcool du malt que l'on emploie comme ferment, les moûts doivent donner par hectolitre.

à 22% Balling Alcool à 50° ____________ 16 Litres

à 24% ___ d° ___ d° ___ d° ____________ 19 "

Pour ne rien exagérer, on peut admettre que les Allemands obtiennent par hectolitre de moût ______________ 17 Litres à 50°

Or le rendement prévu étant de ________ 10 " 40 "

L'excédant est donc par hectolitre de moût ____ 6l. 60

En réduisant cet alcool en alcool absolu, on voit donc qu'on obtient __________ 8l. 5 d'alcool à 100°

lorsqu'on ne paie l'impôt que sur 5l. 2 à 100°.

L'excédant est donc d'environ 3/8 ou 38%

Substances farineuses.

La densité de mise en fermentation des substances farineuses est de 16 à 18% Balling soit 9 à 10 Beaumé ou 1070 à 1075. La densité à la chute de la cuve doit être d'environ 1010; il y aurait donc de 6,0 à 6,5 disparus. Ces chiffres équivalent à une production d'alcool de 8 litres environ par hectolitre de moût à 100°.

D'autre part, l'auteur Stammer indique une proportion de 510.k de Grains pour 23 hectolitres, moins 1/5 pour le vide soit 21hect. 50l.

Ce qui représente par hectolitre 23 à 24 Kil.s de grains ou un rendement alcoolique de 7l. à 100°.

On voit encore ici d'après les Allemands eux-mêmes que le rendement des Substances farineuses est de 15 litres d'alcool à 50° par hectolitre de moût.

L'excédant indemne de droit est donc de 4 litres 60.

Pommes de terre.

On emploie environ 100.k de pommes de terre pour un volume de 175 litres de moût.

plus une proportion de malt de 5 Kil. environ.

Le rendement des pommes de terre est environ 25 litres d'alcool à 50° par 100 K° soit par hectolitre de moût —— 14 l. 25

par 100 K° soit par hectolitre de moût	14 l. 25
Celui du malt est de 55 litres à 50° soit par hectolitre de moût	1. 56
Chaque hectolitre de pommes de terre rendra	15 l. 81
Rendement imposé	10. 41
Excédant indemne	5. 40

(Du reste un tableau de rendement industriel pendant 13 années (Stammer Page 284) indique un rendement moyen de 8 l. 11 d'alcool à 100° par hectolitre de moût de pommes de terre.

Il résulte de ces appréciations qu'en moyenne, on obtient un excédant de 6 Litres à 50° sur 16 à 16 l. 5 d'alcool à 50° produit soit en moyenne 37 pour cent.

L'Allemagne peut donc exporter le tiers environ de sa colossale production en obtenant une prime de sortie égale au drawback accordé (F. 20.00 par hectolitre d'alcool à 100°), sans avoir payé de droits intérieurs.

Le droit de douane de F. 15.00 n'est donc plus un droit protecteur, puisqu'il est dépassé de f.rs 5.00 par la prime de sortie dissimulée.

La stricte équité obligerait donc le Gouvernement Français à demander un relèvement de rendement de 35% ou la suppression du drawback à l'exportation si cette exportation est moindre du tiers de la production.

En d'autres termes, le jeu du drawback ne devrait fonctionner qu'après la sortie sans remboursement d'une quantité équivalente aux excédants.

Il n'est pas inutile de faire remarquer que la Belgique et l'Allemagne n'ignorent pas que les industriels ont des excédants indemnes, et la preuve est dans la différence qui existe entre le droit intérieur et le drawback. En outre, il y a des fraudes considérables surtout dans l'Allemagne du Sud, où la surveillance de la Régie est indulgente.

Des pétitions aux Ministres de ces pays, tout en avouant les primes, en demandent encore l'augmentation.

Ordonnance du 11 Mai 1867.

Impôt par quart (1.lit 145) 1 Silbergros 9/16 (soit f.rs 0,1953 le Silbergros = 0.125.)
Soit par hectolitre à 50° Tralles f.s 17.05

Par cette même ordonnance le drawback est établi à 11 pfennings par quart (soit f.rs 0.0104 x 11) = f.rs 0.1144 pour 1 l. 145 = F. 10.00 à l'hectolitre.

Italie.

En Italie, par la loi du 11 Août 1870, l'impôt fut établi sur la base de vingt francs par hectolitre à 78° Gay-Lussac.

Les usines agricoles n'employant que les matières premières récoltées sur l'exploitation, et dont les produits sont exclusivement réservés à l'usage du producteur étaient exemptées de l'impôt.

Par décret du 25 Septembre 1870, la taxe de fabrication fut réglementée de la manière suivante:

1°. Le droit est perçu sur la fabrication de l'alcool, lorsque la matière première employée est riche; telle que fécule, sirop de raffinerie.

2°. Lorsque les matières premières sont peu riches, le droit est établi sur le volume des cuves. Chaque hectolitre de moût paie tous les jours le droit afférent au tiers de la contenance des cuves de fermentation, ou tous les trois jours, le droit afférent à la totalité de cette contenance.

Pour les substances farineuses, ce droit est par hectolitre de	F.	1.00
Pour le vin	"	1.00
Pour les fruits à noyaux, résidus de Brasserie	"	0.77
Pour les produits non dénommés	"	0.26

L'emploi du mélange de ces diverses matières acquitte le droit correspondant à la classe la plus élevée.

Pour éviter les complications résultant des nombreuses prescriptions administratives, l'Administration recommandait l'abonnement aux industriels, en même temps qu'elle donnait ordre à ses agents d'être très-conciliants, afin de favoriser l'industrie naissante.

Sous ce régime la fabrication devint très-florissante, quelques usines gagnaient plusieurs millions en peu d'années, et l'impôt n'était en réalité, qu'une base déterminée servant à fixer le taux du droit d'entrée des alcools étrangers, dont la quantité était quadruple de celle qui se produisait dans le pays.

La perception n'a été en 1871 que	F.	541.000	hect.	27.050
" " en 1872 que	"	751.000	"	37.550
" " en 1873 que	"	825.000	"	41.250

Or, en 1873, l'importation a été de 161,703 hectolitres.

L'exportation faible en apparence, ne semblait pouvoir apporter de danger pour les finances, par le jeu du drawback (fr 16.00) mais elle est plus considérable sous forme de vin viné que sous forme d'alcool. On sait que l'alcool employé au vinage jouit du drawback de sortie.

La connaissance des nombreux abus qui s'étaient introduits dans la pratique fit modifier la loi:

Le 3 Juin 1874, une loi supprime l'abonnement et élève le droit; la mise en vigueur des nouvelles dispositions étant reportée au 1er Janvier 1875.

Les matières premières riches continueront à payer le droit sur l'alcool fabriqué et le taux de cette taxe sera F. 30.00 par hectolitre d'alcool à 100°

Un droit proportionnel sera établi pour les autres matières sur la contenance des cuves de fermentation:

Le rendement légal est déterminé suivant les catégories ci-après:

1° Pour les farineux et le vin, la base de rendement par hectolitre de moût et tous les trois jours, est ——— 3l. 90 à 100°. ———

2° Pour les fruits à pépins, résidus de bière par hectolitre de moût et tous les deux jours ——— 3. 00 à " ———

3° Marc de raisins, par hectolitre de marc ——— 1. 70 à " ———

4° L'emploi du mélange de ces matières est assimilé à la matière la plus imposée.

5° Matières sucrées, racines, sorgho &a. ——— 3. 90 à " ———

La perception est donc mixte, tantôt sur les matières premières employées tantôt sur le produit fabriqué; il faut remarquer aussi que les mélanges ne donnent pas toujours lieu à la stricte application de l'article 4, il se fait des conventions spéciales avec l'accise.

L'Administration se réserve le droit de mettre soit un compteur, soit des bacs à double fond scellés, afin de s'assurer de la rentrée complète de l'impôt lorsqu'il frappe le produit fabriqué.

La taxe est payée tous les jours et d'avance sur une déclaration et suivant les calculs du fabricant.

Afin d'éviter les formalités journalières, le fabricant a le droit de prendre à ses risques et périls, tous les travaux d'un mois à condition de payer d'avance trente fois l'impôt d'une journée de travail; il devient alors libre et sans surveillance.

Cette faveur rétablit en fait l'abonnement que la loi avait voulu supprimer et permet, en outre, au fabricant de faire autant de fermentation qu'il veut, sans se trouver lié par la limite de trois jours. Cette disposition est donc éminemment favorable à l'industrie intérieure qui se procure d'énormes excédants; le rendement de 3l. 90 pouvant être facilement élevé à 7 et 8 litres comme en Belgique, en Allemagne et en Autriche-Hongrie. Elle est par contre, extrêmement désavantageuse à l'importation qui paie complètement les droits établis et ainsi se trouve violée la clause des traités disant qu'il ne peut y avoir de différence entre le droit d'accise sur alcools étrangers et ceux de l'industrie du pays.

Cette inégalité est encore accentuée par l'obligation de payer en or les droits d'entrée, tandis que les droits à l'intérieur sont acquittés en papier. La prime élevée de l'or en Italie accroît donc encore les avantages de la fabrication.

Les petites distilleries, travaillant moins de 25 hectolitres de moût par jour, peuvent contracter des abonnements mensuels et paient d'avance un droit basé sur un travail de 25 jours par mois.

Les bouilleurs de crû ne paient que demi-taxe, lorsqu'ils travaillent les produits de leurs terres.

L'alcool importé est frappé d'un droit d'accise égal à l'impôt intérieur soit F. 30.00 pour l'alcool en fût à 100° et de F. 21.00 par cent bouteilles quelque soit le degré du contenu.

Le drawback est fixé à F. 27.00 par hectolitre à 100°; l'alcool employé au vinage jouit du drawback.

Grâce à la tolérance de ce régime et à la faible surveillance de l'accise de nombreuses distilleries clandestines se sont établies en Italie, et l'industrie en général y jouit d'une grande prospérité.

L'alcool employé dans l'industrie, paie la taxe commune

En 1872, la consommation était de 182,000 hectolitres, soit 0l. 70 par tête d'habitant.

	Hectolitres		Importation en Italie (Commerce spécial). Allemagne	Angleterre	Autriche	France	Hollande	Suisse
1869	161.351	Dont	2.791	3.919	5.833	4.971	1.175	452
1870	214.523							
1871	19.935		3.114	4 095	15.973	22.348	22.906	200
1872	72.987							
1873	161.703		15.472	12.300	50.114	55.584	5.914	
1874	156.319							

Exportation.

1869	8779	hectolitres
1870	3041	"
1871	3582	"
1872	4942	"
1873	4286	"
1874	4229	"

Les droits de douane jusqu'à 22° (58°) étaient en 1872 de F. 25.50 droits d'accise compris, depuis 22 et au-dessus, ils étaient de F. 30.00

Ces droits ont été évidemment relevés de l'importance du relèvement de droits d'accise.

Autriche-Hongrie.

En 1835, l'impôt sur les alcools a été établi sur le volume de moût mis en fermentation, sans distinction de localités ni de régions, et sans spécifications de matières premières.

En 1849. Les matières premières employées furent divisées en plusieurs classes:

1° Céréales, betteraves, mélasses &c.

2° Fruits à pépins, racines, déchets de brasserie.

3° Fruits à noyaux, vin, lie de vin.

4° Marc de raisins.

5° Résidus de raffinerie de sucre, amidon, fécule, sirop de fécule

Le droit était de Quarante quatre Centimes par hectolitre de moût mis en fermation pour les deux premières classes

De Soixante six Centimes, pour les deux classes suivantes:

Enfin pour la Cinquième classe, le droit était établi sur le produit fabriqué:

En 1857. Ces chiffres, ont été modifiés et les taxes élevées dans les proportions suivantes:

1ère et 3e Classe par hectolitre de moût F. 1.37
2e " —— d° —— d° —— 0.92
4e " —— d° —— d° —— 0.90

Pour la cinquième classe, les droits furent fixés à

F. 13.78 par hectolitre d'alcool à 52°
" 17.22 —— " —— " —— de 52.5 à 65°
" 20.65 —— " —— " —— de 65. " à 77.5
" 25.00 —— " —— " —— de 77.5 à 90°
" 27.54 —— " —— " —— de 90° à 100°

Mais dès 1860, les difficultés de l'accise, et les abus avaient porté l'Administration à rechercher un appareil compteur permettant d'établir l'impôt sur le produit fabriqué, sans qu'il fut nécessaire de recourir à l'exercice.

En 1862, on mit ce système en vigueur, mais les espérances fondées sur le Compteur ne se réalisèrent pas; le peu de précision des résultats, obligea au rapport de la loi, et la taxe sur la contenance des cuves fut rétablie en 1865.

Il parait qu'aujourd'hui, un compteur plus parfait a été construit par Reinhold Stumpe, mais il n'est pas encore officiellement employé.

La législation de l'Autriche-Hongrie est donc la copie plus ou moins exacte des législations Allemande et Belge. = Rendement obligatoire de beaucoup inférieur au produit obtenu; primes importantes, &&a. = En Autriche, on emploie jusqu'à 25 Kos de blé par hectolitre de moût, et la concentration est telle, que l'échauffement de la masse pendant la fermentation, oblige à n'employer que des cuves d'une capacité maxima de 20 hectolitres.

Le travail des substances farineuses et des fruits, prédomine surtout, en Autriche-Hongrie; les betteraves et les mélasses sont négligées.

L'importance des excédants obtenus est encore augmentée par la faculté d'abonnement accordée aux industriels: cet abonnement est calculé d'après la puissance des appareils et sur un certain nombre de jours de travail. Il est évident que tous les fabricants s'abonnent pour échapper aux ennuis de l'exercice et pour ne plus être limités dans le nombre de fermentations. Ils augmentent ainsi, en même temps que leur rendement par hectolitre de moût, la quantité de moût mis en travail.

Le droit intérieur est de F. 22.37, il se paie en papier, le droit de douane est exigé en or.

Il y a donc partout avantage pour les pays où l'impôt est perçu sur le moût au lieu de l'être sur le produit fabriqué. La Hollande et la France sont les seuls pays d'Europe qui n'ont aucune prime possible pour leurs alcools d'industrie et qui subissent, sans compensation, les défauts de la législation des autres pays.

Il y a en Autriche-Hongrie, un droit total sur les alcools importés de:

Le droit de consommation, surtaxe de 20% comprise s'élève à	F.	32.05
Le droit de douane	"	50.87
Le droit communal	"	8.73
Total	f^s	85.65

Le drawback n'est que f^s 22.50

Il y avait en 1873.

Distilleries en totalité 124,218

Dont 4203 distilleries industrielles, parmi lesquelles 2157 d'une importance réelle, et environ 120,000 distilleries agricoles et bouilleurs de cru.

Russie.

En Russie, les droits sont de 7 copecks (1 copeck = 1/100 de rouble, 1 rouble f^s 3.50) par degré (1/100 de vedro) ou 7 roubles par vedro (le vedro vaut 12^l 298). En Pologne les droits étaient anciennement de 5 roubles 1/2 par vedro d'alcool pur, mais ils ont été maintenant élevés au taux de la Russie. Ces mesures Russes représentent un droit de f^s 183.00 l'hectolitre.

L'accise sur les Eaux-de-vie de raisins et de fruits est prélevée suivant la capacité des alambics ou cornues, à raison de 11 copecks par vedro et par jour d'activité de la fabrique

Sur le brassage, suivant la capacité de la cuve pour la trempe, et des chaudières pour le brassage, à raison de 6 copecks par vedro pour chaque trempe.

Pour l'hydromel, suivant la capacités des chaudières soit 50 copecks par vedro et par jour d'activité.

En Russie, le droit des alcools industriels, est appliqué à la sortie de l'usine sur le produit fini et devant être consommé à l'intérieur. L'alcool devant être exporté ne paie pas de droits, il n'y a donc pas de drawback. Le fabricant doit déclarer si ses produits sont destinés à l'intérieur ou à l'exportation, et l'accise ne lui permet pas de fabriquer simultanément pour les deux destinations.

Il n'y a pas en Russie de fraudes légales; mais il est certain que bien des alcools déclarés pour l'exportation, soit par les frontières Danubiennes, soit par les provinces Polonaises, reviennent dans le pays échappant à la surveillance si difficile des employés de l'accise. Il en résulte un bénéfice fort important qui atténue le prix de l'alcool réellement exporté et permet de le vendre à bas prix. Mais il ne paraît pas que la France soit intéressée à ces fraudes plus ou moins considérables si ce n'est par leur transit par l'Allemagne.

Pays-Bas.

En Hollande, les droits sont établis sur l'alcool fabriqué, et le drawback est égal au droit payé. Il n'y a donc pas de prime possible. L'économie que procure la fabrication de la levure constitue le seul avantage des Hollandais sur l'industrie française.

La Hollande elle-même ne peut lutter avec la Belgique, et ses genièvres reviennent à un prix plus élevé que celui auquel se vendent les alcools Belges.

Suisse.

En Suisse, il y a deux régimes, l'un général et engageant toute la Confédération, l'autre réglant les rapports des divers Cantons les uns avec les autres. En réalité on ne produit pas beaucoup d'alcool en Suisse, et les droits sur les boissons sont faibles; dans certains Cantons, ceux de Schaffouse, Appenzell, St Gall, des Grisons, de Thurgovie &. &. les boissons ne sont même pas imposées.

La Suisse importe beaucoup d'alcools Prussiens et leur concurrence arrête notre commerce.

Angleterre.

Le droit intérieur Anglais est de F. 271.69 par hectolitre à 57°: soit fr. 477.00 à 100°. L'accise y est d'une sévérité extrême et ne permet pas la moindre fraude. Il est interdit au fabricant de procéder en même temps à la fermentation et à la distillation. Il fermente donc pendant quatre jours et distille et rectifie les trois autres journées. L'alcool, à la sortie de l'appareil, coule dans des cuves cadenassées, sans qu'il soit possible au fabricant d'en extraire la moindre partie pendant le parcours.

Le drawback est entier à la sortie, et représente exactement la valeur du droit intérieur. Il est toutefois accordé au fabricant, une prime directe de f.^es 5.00 par hectolitre d'alcool à 57° pour compenser les entraves que l'accise apporte à la fabrication.

L'Angleterre n'est guère un pays d'exportation, au contraire: l'importation par la France, l'Allemagne, les Pays-Bas se fait dans de grandes proportions.

Régime des alcools étrangers en France.

Les alcools étrangers sont, ou consommés à l'intérieur ou déposés dans les entrepôts. Dans le premier cas, ils acquittent le droit principal de Douane de f.^cs 15.00 et se trouvent dès lors assimilés aux alcools de notre production.

Les alcools qui restent en entrepôt, sont réexportés tels quels, ou le plus souvent dédoublés en entrepôt même et convertis en liqueur d'apparence Française. Les vins Français peuvent être introduits dans les entrepôts et y être vinés sans droit de consommation et sans droits de Douane pour l'exportation. Les vins étrangers ayant besoin de vinage, ne peuvent être vinés qu'avec les alcools étrangers.

Il y aurait justice à autoriser l'entrée en entrepôt de douane des alcools Français nécessaires à ces opérations, et à ne pas accorder ce privilège exclusif aux alcools étrangers.

Droits de douane à l'entrée dans les divers pays d'Europe.

France	Tarif conventionnel pour presque tous les pays d'Europe, droit principal par hectolitre à 100°	fr.	15.00
Angleterre	Eaux de vie à 57° — fr. 286.59 Droits intérieurs — " 271.59	"	15.00
Association Allemande	Les spiritueux par 100k à 50° ou 108 litres environ paient 45 fr, soit par hectol. à 100° 83.00 Droits intérieurs 34.05	"	48.95
Autriche	Alcool à 100° l'hectolitre	"	50.00
Espagne	— " — " — " —	"	20.25
Belgique	— " — " — " —	"	15.00
Italie	— " — " — " — Environ	"	13.00
Pays-bas	— " — " — " —	"	14.84
Portugal	— " — " — " —	"	93.70
Russie	Eaux de vie de France, &c. Esprits et eaux de vins, de grains en futailles et barriques — (Prohibés)	" "	19.20 19.20
Suisse	Eaux de vie de France, &c. &c.	"	13.00
Turquie	— " — 8% ad valorem	"	" "
États-Unis		"	273.00

Renseignements divers.

Tableau des importations et exportation d'alcools en 1874.

France

Exportation 1874.

Esprits de toute nature – Alcool pur
Unité – Hectolitre.

Allemagne	2820 hectol.
Pays-bas	711 "
Belgique	13,386 "
Angleterre	2746 "
Autriche	827 "
Espagne	9696 "
Italie	23749 "
Suisse	15 086 "
Turquie	14 486 "
États barbaresques	1687 "
Algérie	6823 "
Col. d'Afrique, Sénégal, Gorée	455 "
St. Pierre	755 "
Autres pays	4,920 "
Total	99147 hectolit.

Eaux de vie de vin – Unité hectolitre à 100°.

Pays	En fûts	en bouteilles
Suède	6,466	"
Norwège	3122	"
Danemarck	1,491	"
Allemagne	6,554	"
Pays bas	2,690	"
Belgique	3,372	"
Angleterre	97 833	37,917
Espagne	2,830	"
Total à reporter	124,358 h.	37,917 bo.

Eaux de vie de vin (suite).
Unité = Hectolitre à 100°.

Pays	En fûts	en bouteilles
Report	124358 h.	37,917
Italie	2,904	2 852
Suisse	4753	"
Turquie	1093	1 979
Côte Occle d'Afrique	3136	
Australie	2868	
États-Unis	8145	
Uraguay	823	
Amérique anglaise	8 635	28 988
Algérie	10.555	
Sénégal	1281	
St. Pierre	1 068	
Autres pays	5769	
Total	181 388 h.	71,736

Eaux de vie diverses. Unité litre à 100°.

Norwège	30124 litres
Allemagne	190,358 "
Belgique	196,365 "
Angleterre	216,527 "
Portugal	136,867 "
Espagne	205,012 "
Suisse	35,792 "
Turquie	19,476 "
Cote occle d'Afrique	1434100 "
Amérique, Australie	569.550 "
&c. &c.	
Hectolitres à 100°	30,341 h. 71

Suite

France

		Importation	Consommation
Eaux de vie de vin. Unité: Litre à 100°	d'Allemagne	2,208 litres	2,742 litres
	d'Angleterre	2,503 "	2.309 "
	d'Espagne	18.602 "	17,907 "
	d'Italie	14,899 "	616 "
	de Suisse	15.830 "	2.893 "
	d'autres pays	11.880 "	1.695 "
	Total...	65,922 "	28,162 "
Eaux de vie diverses. Unité: Litre à 100°	d'Allemagne	152,254	76.796
	des Pays-bas	275.528	121.741
	de Belgique	42.453	16.742
	d'Angleterre	64.922	35.107
	d'Espagne	9.018	2.625
	des autres pays	72.845	15.433
	Total.... litres.	617.020	268.444 litres

		Importation	Consommation
Esprits, Alcool pur. Unité: Litre à 100°	d'Allemagne	1.345.320	909.545
	de Belgique	893.524	5,851
	d'Angleterre	17.233	7.563
	d'Espagne	83.723	93.492
	d'Italie	42.168	28
	de Suisse	26.100	1.421
	des États-Unis	838.352	343
	Autres pays	5.799	2.022
	Litres à 100°	3.252.219	1.020.265

Exportation totale Française, tant en fûts qu'en bouteilles, hectolitres à 100° 382,612 hl 71

Importation totale (hectolitres à 100° ——— 39,357 hl 61

Consommation à l'intérieur des alcools importés — 13,168. 71

Consommation d'alcools allemands ——— 9.890. 83

——— " ——— " — Belges ——— 225. 93

La différence entre les importations allemandes et Belges et la consommation, provient sans doute des emplois en entrepôt = 4881 hectolitres.

Allemagne 1874

(Un quintal à 50° représente environ 27 litres d'alcool à 100°)

	Importations – Unité Quintal de 50 k. par frontière		Exportations – Unité Quintal de 50 k. par frontière	
	Eaux de vie de France Arack, Rhum	Eaux de vie diverses	Eaux de vie de France Arack, Rhum	Eaux de vie diverses
du Danemarck	50 quint.	507	1 586	2,355
par la Baltique	20,589	300,730	27,676	54,642
de Russie	263	70,795	4,280	99,960
d'Autriche	555	52,611	24,015	197,489
de Suisse	363	6,273	13,877	170,992
de France	10 216	10,825	650	2,551
de Belgique	8,530	3,281	203	5,962
de Hollande	16,434	6,301	701	3,662
sur la mer du Nord	3,297	230	2	55
par Brême	34,545	4,023	3,489	45,037
par Hambourg	33,560	12,363	3,032	636,763
par la Prusse	2,570	2,598	816	8,626
par Oldburg	25	21	52	1,180
par Nicht Ermitt	562	"	"	"
par Postwerker	209	60	"	"
Total	132,000	471,000	80,379	1,229,274
			21,700 hectolitres	331,903 hectolitres

Importations totales en Allemagne ________ 603,000 quintaux de 50 k.

Exportations totales de l'Allemagne (hect. 353,603) 1,309,653 ___ " ___

Importation totale par frontière de France ______ 21,041 ___ " ___

Exportation ___ d° ______ d° ______ 3,201 ___ " ___

Il convient de remarquer que la désignation de pays soit importateurs, soit exportateurs, n'est pas rigoureuse. Les Allemands ne tenant pas compte de l'origine des produits, mais de la frontière par laquelle se fait le passage.

Belgique 1874.

Importation
Unité _ l'hectolitre à 50°

	Eaux de vie en cercles.	Eaux de vie en bouteilles
de France	33,459.42	442.32
de Prusse	951.52	54.92
des Pays-bas	7.143.99	249.29
d'Angleterre	2.032 58	25.82
de Hambourg	2,574.94	" "
d'autres pays.	212.88	12.89
	46,375.43	785.24
de France	7,818.86	92.17
de Prusse	88 85	10.02
des Pays-bas	2.096.70	26.05
d'Angletérre	1.445.51	5.18
de Hambourg	1,834.06	" "
d'autres pays.	45.80	6.30
Total...	13,329.78	139.72

Exportation
Unité _ l'hectolitre à 50°

	A Sorties	B Commerce spécial	C Transit
Prusse	3,261"54	98"94	3.162"60
Hambourg	3.402.18	" "	" "
Luxembourg	800.02	" "	800.02
Pays-bas	14.887 98	9.045.72	5,842.26
Angleterre	6.114 98	5.257.32	857.66
France	6,606.54	3,731.40	2.875.14
Portugal	1,563.94	1.228.06	335.88
Espagne	12.527.76	12,487.76	40.00
Suisse	14,549.56	5.194.64	9.354.92
Italie	22,705.97	16,130.49	6,575.48
Sénégambie	10,004.16	10,001.78	2.38
États-Unis	444.49	154.77	289.72
Cuba	25,947 23	25.947.23	" "
Amérique Angl^{se}	437.24	427.44	10.00
Brésil	614.59	31.83	582.76
Uruguay	438.90	" "	438.90
Rio de la Plata	3.636.22	484.36	3.151.86
Autres pays.	659.60	443.44	216.16
Total...	128.693"10	94.157"36	34.535"74

Importations totales en hectolitre à 50° __________ 47.160.67

Importation de France __________ 33.901.74

Exportations totales Belges __________ 128,693.10

__ d° __ en France __________ 6,606.54

L'exportation de produits Belges n'a été que __________ 94.157.36

L'importation __ d° __ d° __ 3,731.40

La Colonne A indique les sorties générales tant en produits belges qu'en produits d'Entrepôt ou de passage.

La Colonne B produits de fabrication belge.

La Colonne C la différence des deux autres ou le transit.

Pays-bas 1874 (Commerce spécial)

Importation Unité le Kilogr. à 50°		Exportation Unité le Kilogr. à 50°
Rhum. Arack. Eaux de vie.		Rhum. Arack. Eaux de vie.
de Belgique	23.511 K°. à 50°	1.963.482 K°. à 50°
de Brême	28.538	575.678
de Curaçao	100	205.160
du Danemarck	125	571.308
de France	836.723	681.394
d'Angleterre	333.961	11.025.041
Hambourg	3.562	1.105.720
de Java	13.587	1.605.491
Cap de Bonne Espérance	1.369	" "
Norwège	60	190.745
Portugal	26	621.559
Prusse	20.361	2.051.123
Russie	219	125.286
Espagne	12.408	274.323
Surinam	18.238	160.606
Amérique	81	5.273.591
Suède	142	1.615.518
Côtes d'Afrique	"	2.758.189
Rio de la Plata	"	2.282.323
Divers	"	2.230.475
Total	1.293.011 K°. à 50°	35.317.112 K°. à 50°

Importation de France — 836.723 K°. à 50°.
Exportation en d°. — 681.394 " "

Autriche.

1870 à 1874.

Années	Importations Unité – Quintal de 50 K.°	Exportations Unité – Quintal de 50 K.°
1864	10.086	94.667
1870	16.115	248.972
1871	20.189	78.048
1872	24.828	23.524
1873	30.502	24.904
1874	28.371	132.506

Suisse 1874.

Importations par les frontières ci-après (Unité : Quintal de 50 K.os)	Esprit de vin et autres en tonneaux	Spiritueux en bouteilles.	Exportations par les frontières ci-après (Unité. Quintal de 50 K.os) Spiritueux de toutes natures
de France	47,425 quint.	1.091	4,641
d'Allemagne.	181 750	823	2,261
d'Autriche	7,846	5	86
d'Italie	6,370	72	298
	243,391	1,991	7,286
En 1873	225,104	1,622	

Italie 1874.

	Importations. (Unité: hectolitre)		Exportations. (Unité: hectolitre)	
	Eaux de vie de plus de 22° en tonneaux	Eaux de vie de moins de 22° en tonneaux.	Eaux de vie de plus de 22° en tonneaux	Eaux de vie de moins de 22° en tonneaux.
d'Amérique	21,707	80	100	57
d'Autriche	58.758	244	206	346
de Belgique	1.221	"	"	"
de France	36,533	3,484	381	27
d'Allemagne	10,303	106	"	"
d'Angleterre	3,978	241	12	12
de Hollande	2,717	465	"	"
de Suisse	"	"	1,105	135
Total...	137.217 H.	4,520 H	1,804 H	577 H

Rapport sur les effets de la législation des distilleries en Belgique et leur influence sur le commerce des alcools entre la France et la Belgique.

Nous ne pouvons mieux faire ressortir, pensons-nous, les anomalies qui résultent d'un système d'impôts des plus vicieux qu'en mettant en regard, d'abord le prix de revient du produit alcoolique d'après la présomption de la loi et qui a servi de base à l'impôt établi sur la capacité des vaisseaux employés dans les distilleries ensuite le comparer au prix de vente et enfin au prix de revient Réel obtenu, grâce à un mode d'opérer particulier, mais entièrement en opposition aux enseignements théoriques de l'art de distiller. En effet c'est au moyen de surcharges de matière première et de levures afin de terminer le travail pris en charge en dedans 24 heures, ainsi que la loi le prescrit, que nos distillateurs obtiennent ces excédants avec lesquels ils n'ont cessé de lutter. C'est donc la prostitution de la matière qui est la base de ce travail frauduleux que la loi autorise et dont, grâce à l'élévation de l'impôt et des primes déguisées, on parvient à s'indemniser très largement, mais selon nous, d'une façon tout à fait déloyale, eu égard aux conditions des traités internationaux.

1° Voici quant au travail pour la distillation des mélasses :
Observons d'abord pour bien établir nos calculs, qu'il est admis que les vinasses, servant à l'extraction de la potasse, compensent tous les frais qu'entraînent la distillation de l'alcool et la production des potasses. Ceci admis : La distillation paie pour impôts par hectolitre de contenance de capacité des vaisseaux employés, par journée de 24 heures. ——— F. 7.00

Par hectolitre de contenance et 24 heures, 28^K mélasses à 10^f 00 %^Ko ——— 2. 80

1 K° % levure à 0,65 C^es ——— 0 .91

Soit au Total ——— F. 10.71 par hectolitre de matière prête à être distillée et, la loi présumant un rendement de 14 litres d'alcool à 50° Gay-Lussac par hectolitre cuve matière, il s'en suit que l'hectolitre alcool en flegmes au même titre, coûte en impôts et matières premières f^cs 76.50. Mais le prix de vente n'a pas dépassé depuis quelques mois F^cs 72.70 et 68.

mettons f^{cs} 70 „ en moyenne ; déduction faite de transports, coulage &^{a} ce dernier prix constituerait nos productions en perte de f^{cs} 6.50 par hectolitre. Mais qu'on ne s'y trompe pas, voici ce qui se pratique et de quelle manière se fait la fraude dite légale :

Impôts par hectolitre de contenance et par 24 heures	ci F.	7.00
Mélasses „ „ „ 40 K au lieu de 28	ci	4.00
Levure „ „ „ 2 kilos au lieu de 1 K 4/10 à 0,65 c	ci	1.30
Ensemble	F.	12.30

C'est donc f^{cs} 12.30 que coûte, en ce cas un hectolitre de matières et impôts prêt à être soumis à la distillation ; mais alors ce n'est plus 14 litres de flegmes qu'on en retire ainsi que le présume la loi ; ce rendement s'élève au contraire à 20 Litres et le prix de revient ressort à moins de f^{cs} 63.00 et c'est ce qui explique le prix de vente à f^{cs} 70 „ et à moins même, puisque après avoir alimenté la consommation indigène, rien n'empêche au producteur l'exportation de ses excédants. Bien mieux, sur le pied d'un rendement minimum de 19 Litres ½ par hectolitre de contenance, un hectolitre alcool en flegmes à 50° Gay-Lussac, ne coûte plus pour impôts que f^{cs} 36„ en calculant sur la base établie présumée, le Gouvernement Belge en restitue f^{cs} 50„ à la sortie ; ce qui équivaut à une prime déguisée de 14 f^{cs} par hectolitre, ou f^{cs} 28„ pour un hectolitre d'alcool à 100°.

A la rigueur, on pourrait par diverses considérations, infliger une réduction à cette énorme prime ; ce qui n'empêchera pas qu'il en reste une assez forte pour continuer ce manège à l'infini au détriment du trésor Belge et, nous le répétons, cette prime déguisée porte une atteinte grave à la loyauté des conventions internationales.

Remarquons en passant que d'après la loi de 1870, cette prime était alors bien plus considérable. Le cabinet actuel l'a réduite de 30 f^{cs} par hectolitre à 100° Gay-Lussac et il est présumable qu'il finira enfin par y voir clair tout-à-fait et par se convaincre que, si réellement un hectolitre de flegmes ou Eau-de-vie à 50° Gay-Lussac, rapportait véritablement, en établissant l'impôt sur le produit, cinquante francs au lieu de Trente six il aurait tout intérêt et toute aisance à dégrever entièrement le sucre, et les traités internationaux ne seraient que plus facilement et d'ailleurs plus loyalement exécutés.

Voici maintenant l'exposé de ce qui se passe pour la distillation des Céréales.

L'impôt sur cette matière par hectolitre de contenance et par 24 heures est fixé à ——— F. 4.55

On emploie par hectolitre de contenance 4 Kilog. orge germée en farine; valeur ——— 1.40

——— d° ——— 11 K° seigle à 22 C° mouture comprise ——— 2.31

——— d° ——— 1/2 K° Levure à 0.65 c ——— 0.33

Total F

Soit huit francs 59 c pour un hectolitre, matières et impôts compris, prêt à être distillé, dont le rendement présumé est de 9 L % alcool. Dans ces conditions, l'hectolitre alcool à 50° Gay-Lussac, ressort brut à f 94.40 non compris intérêts et amortissement ni aucuns frais généraux que l'on considère couverts par les résidus de la distillation servant à l'alimentation animale, avec un excédant de f 3.00 par hectolitre d'alcool produit. Il n'en reste pas moins établi que l'hectolitre, alcool à 50° Gay-Lussac, coûtera f 91.40 au producteur. Or, la cote de H. Cusselt ne renseigne que 88 francs dont il faut déduire l'escompte et le transport, il ne reste donc que f 85,, c'est donc une perte de f 6.40 par hectolitre. Mais voici de quelle manière on opère pour l'éviter et ce que cette opération produit réellement.

Impôts par hect. de capacité et par jour de 24 heures ——— ci f 4.55

——— d° ——— d° ——— orge germée moulue, 5 K à 0.35 ——— „ 1.75

——— d° ——— d° ——— Seigle moulu, 15 K° à 0,22 c ——— „ 3 30

——— d° ——— d° ——— Levure 1 Kilog. à 0.65 ——— „ 0 65

Total... F ——— 10.25

ce qui divisé par le rendement réel de 13 litres au lieu de 9 L % présumé par la loi, fait ressortir le prix de revient réel encore environ à f 79,,. Comme d'autre part, avec toute faculté d'exporter les excédants et de recueillir la prime importante après tout, après avoir pourvu à la consommation indigène.

Il y a encore en Belgique, une deuxième catégorie de distillateurs de céréales qui, sous le prétexte de favoriser l'Agriculture, jouissent, depuis longtemps, de par la loi, d'une réduction de 15 pour cent sur l'impôt, et ce moyennant certaines conditions, telle qu'une limite ne dépassant pas 20 hectolitres de travail journalier, un nombre déterminé de têtes de bétail à entretenir avec quelques hectares de terre en culture; toutes conditions qui sont parfois éludées ou travesties au besoin. Cette catégorie n'a pas droit à l'exportation. On a souvent réclamé contre ceux-ci, mais aucun des ministères passés ni présents n'y ont donné suite. Il résulte au contraire, de toutes les modifications apportées à la législation (et il y en a beaucoup depuis 25 ans) qu'elles ont eu pour effet d'augmenter cette réduction, en ce sens que l'impôt ayant été augmenté successivement et la réduction s'appliquant sur un chiffre plus élevé, elle croissait naturellement dans la même proportion.

Quelques distillateurs de jus de betteraves auxquels la loi permet, moyennant une majoration d'impôts de un franc par hectolitre de contenance déclarée, de mélanger des mélasses à ces jus, existent encore en Belgique; mais cette fabrication tendant plutôt à disparaître qu'à se développer, nous n'en ferons pas mention.

En résumé, l'intérêt du Trésor, l'intérêt général, celui de la justice et la loyauté des conventions internationales, tout enfin sollicite le Gouvernement Belge à abandonner ce système vicieux et à adopter une législation conforme à celle des pays contractants et voisins.

Malheureusement, une foule d'intéressés, électeurs huppés, qui profitent de cette législation absurde et vicieuse, agissent par leur grande influence en sens contraire, et ont empêché jusqu'ici le Gouvernement Belge d'adopter une mesure qui satisferait à la fois tous les intérêts, excepté, et pour cause, ceux des opposants.

C'est à la France d'examiner si elle veut demeurer éternellement dupe de cette situation anormale, ou bien si elle veut s'en délivrer, en forçant les mains aux parties contractantes dans un très prochain renouvellement des traités internationaux.

Signé: Un industriel Belge.

Note sur le travail du grain en Belgique fournie par le chimiste d'une distillerie de ce pays.

1° Fabriques travaillant avec malt de seigle ou d'orge et seigle non germé

Chargement par hectolitre

Seigle non germé	10 Kil.
Malt d'orge ou de seigle	5 "
	15. Kil.

Rendement moyen à l'hectolitre = 4.5%

2° Fabriques travaillant avec maïs ou riz, seigle non germé et malt de seigle ou d'orge.

Chargement par hectolitre.

Seigle non germé	5 Kos
Riz ou Maïs	5 "
Malt de seigle ou d'orge	5 "
	15 Kos

Rendement moyen à l'hectolitre : 5%

3° Fabriques travaillant avec malt d'orge et de seigle, sans grain avec

Chargement à l'hectolitre.

Malt de seigle	15 Kos
Malt d'orge	6 Kos
	21 Kos

Rendement moyen à l'hectolitre = 6.5%

N.B. Les rendements ci-dessus sont donnés en alcool pur.

www.ingramcontent.com/pod-product-compliance
Ingram Content Group UK Ltd.
Pitfield, Milton Keynes, MK11 3LW, UK
UKHW012308240726
13966UKWH00004B/1721

9 782011 942456